AF298819

INSTRUCTION

CONCERNANT

LES PERSONNES

MORDUES

PAR UNE BÊTE ENRAG

A STRASBOURG;

Chez Jean-François LE ROUX,
Imprimeur du Roi, & de la Chancellerie.

M. DCC. LXXIX.

ARRÊTÉ ET DÉCRET

des MAGISTRATS *de la Ville de* STRASBOURG *, compoſant le Collège de Santé.*

Sur le Rapport qui Nous a été fait, dans une de nos fréquentes Aſſemblées, concernant l'accident arrivé à la Ruprechts-au ; des obſervations faites & rédigées par le Sr. Ehrmann, Médecin Phyſicien de cette ville, Membre de la Société Royale de Médecine de Paris, ſur les cures d'Hydrophobie ou Rage, opérées par lui ou ſous ſa direction, leſquelles obſervations ont été lues à l'Aſſemblée hebdomadaire de MM. les Profeſſeurs de l'Univerſité de cette ville, de quelques Magiſtrats & autres Citoyens ou Étrangers amateurs des Sciences & des Lettres, chez M. Baron d'Autigny, Préteur Royal, il a été, ſur les Requiſitions de M. Holdt notre

Avocat Général, arrêté : Que le Sr. Ehrmann feroit prié & invité de donner au public, par la voie de l'impreffion en Français & en Allemand, fes fufdites obfervations, & d'y ajoûter en même temps les marques ou fymptômes, fur lefquels on doit plutôt que plus tard fe défier d'un chien, pour prévenir l'un des plus grands maux & fléaux de l'humanité & de la fociété, & fera au befoin, l'impreffion de cet avis falutaire au public, facilitée par la caiffe publique.

FAIT à Strasbourg ce 27 Juillet 1778.

Signé,

BÜHLER,
Secretaire.

INSTRUCTION

Concernant les Perſonnes morduës par une Bête enragée.

DE toutes les maladies connuës, celle dont les effets ſont les plus effrayans & les plus affligeans pour l'humanité, eſt ſans contredit celle oc-caſionnée par la morſure d'une bête enragée.

L'ignorance & le préjugé en ont en-core augmenté l'horreur ; car, ou l'on a cru cette maladie incurable, & on a abandonné les infortunés, qui en étoient attaqués, à leur malheureux ſort, en hâtant même très ſouvent leur fin par des voies, qui font frémir l'humanité ; ou bien on a adminiſtré des remédes trop inſuffiſans pour arrêter le cours du mal. Ces triſtes exemples ont néceſſai-rement accrédité l'idée déſeſpérante que ce mal étoit fans reméde , & que la mort feule pouvoit y mettre fin.

Mon intention dans le préfent Mémoire eft, de détruire, s'il eft poffible, ce trifte & dangereux préjugé de mes concitoyens , en les affurant que la Providence n'eût point permis que l'homme fût expofé à une auffi terrible maladie , fi fa bonté n'eût pas en même tems affigné des remédes falutaires , dont la recherche & l'application pût la prévenir ou la guérir.

Il eft de toute néceffité que les remédes , dont les obfervations ci-après prouvent l'efficacité , foient appliqués fur le champ dans de fi fâcheux accidens; bien entendu que les Médecins & les Chirurgiens en les adminiftrant , prendront en confidération l'âge , le tempérament, le genre des accidens , &c. des perfonnes , auxquelles ils feront l'application de la méthode fuivante.

Les fignes ou fymptômes les plus évidens qu'un chien eft enragé , font les fuivans.

Ces animaux perdent peu à peu l'envie de boire & de manger , deviennent mornes , fe cachent des hommes , grognent au lieu d'aboyer , s'élancent fur tout ce qu'ils rencontrent , craignent cependant encore leur maître , laiffent pendre la queue & les oreilles. C'eſt là le premier degré de Rage.

Enſuite ils rendent l'écume par la gueule, qu'ils ouvrent beaucoup, leur langue eſt pendante & plombée, & leurs yeux chaſſieux; on les voit reſpirer avec peine & haleter. Dans cet état ils méconnoiſſent leur maître; tantôt ils courent très vite, tantôt ils ſe traînent avec lenteur, & le moindre bruit augmente leur rage. Quand les accès ſont à ce point, les chiens crévent la plûpart dans 24 à 30 heures.

Chez les perſonnes mordues par un animal enragé, le mal ſe déclare d'abord par une douleur plus ou moins forte à la partie bleſſée, enſuite aux parties voiſines de la plaie. Elles éprouvent une très grande laſſitude, deviennent triſtes & mélancoliques, ſoupirent beaucoup & ne cherchent que la ſolitude; leur ſommeil eſt lourd, inquiet, interrompu par des rêves effrayans, & terminé par un réveil douloureux.

Quand le mal a fait des progrès, ces malheureux ſont tourmentés par des ſerremens de poitrine & une reſpiration gênée; la lumiere les incommode, la vue de l'eau ou de quelque choſe de blanc leur cauſe des friſſonnemens, des tremblemens , & même des mouvemens convulſifs ; leur voix s'enroue , leur langue devient dure & ſéche , ils ſont dévorés d'une ſoif brûlante, que leur averſion pour toute eſpece de boiſſon les empêche d'étancher ; à tout cela ſe joint une fiévre accompagnée de transports violens ; ils ſentent une envie involontaire de cracher ſur ceux qui les environnent , & même de les mordre. C'eſt là le plus haut degré de la rage ; le pouls devient foible & intermittent, & dans l'eſpace de deux jours , ſouvent même de 24 heures, la mort termine leur ſort.

De tous les remédes vantés juſqu'à préſent comme ſpécifiques contre la rage, il y en a bien peu qui ayent été ſalutaires au genre humain. Ou ils n'attaquoient pas la racine & la cauſe du mal, ou ils devenoient inutiles par la foibleſſe & la lenteur de leur effet.

Les Médecins les plus inſtruits ſont généralement d'accord que le venin de la rage réſide principalement dans la ſalive. Ce qui confirme encore ce ſentiment, c'eſt que la rage ſe gagne par le léchement ou par toute autre communication de ſalive , auſſi bien que par la morſure d'un animal attaqué de la rage. Le meilleur traitement qu'on

pourroit employer, feroit donc de procurer à la falive infectée l'iffue la plus
prompte & la plus abondante. L'Ana-
logie eft fenfible par elle-même, & l'heu-
reux fuccès des épreuves faites à cet
égard en prouve la bonté.

TRAITEMENT.

Aussitôt qu'une perfonne aura été
mordue par un animal enragé, on
brûlera la plaie pour la faire fuppurer,
ou l'on fcarifiera profondément la partie
affectée, on la couvrira enfuite d'un
emplâtre veficatoire, qui dépaffe les
bords de la plaie. Il faut avoir foin
de l'entretenir ouverte le plus longtems
qu'il fera poffible. S'il n'y a encore
aucune marque qui prouve que le venin
ait déja gagné le fang, on continuera de
chercher à prévenir fon effet par les
moyens fuivans.

On ordonne au malade quelques bains
domeftiques tiédes ; lorfque fes veines
font engorgées, on lui fait une faignée.
Si la perfonne eft âgée, elle prendra
pendant deux jours chaque fois un demi
gros de pillules mercurielles laxatives,
enfuite on lui fera les frictions comme
il fuit.

On prend une demi-once de Mercure

que l'on broye avec de la Thérebentine de Venife ou d'Alface, autant qu'il en faut pour incorporer le Mercure ; on y ajoûte une demie once ou trois quarts de fain-doux ; avec cet onguent on frotte d'abord la plaie , puis les jambes, les cuiffes, & le troifiéme jour les aînes, faifant enforte que tout l'onguent fe trouve confommé dans les trois jours.

Le troifiéme jour on donne au malade , matin & foir , trois grains de Panacée Mercurielle, ou du Sublimé doux formé en pillules avec de la mie de pain ; on continue tout ce traitement jufqu'à ce qu'il fe déclare une falivation, que l'on augmente où modere fuivant les circonftances. Mais fi l'on remarque dans le malade quelques accidens de nerfs , comme trifteffe , inquiétude, mouvemens convulfifs , on fe fervira de la poudre fuivante ; felon les circonftances , une ou deux fois par jour.

Cinnabre d'Antimoine ou de l'Artificiel, duquel on voudra - 10 Grains.

Mufc - - - - 6 - - -
Camphre - - 4 - - -
Opium - - - 1 - - -

On en fait une poudre que l'on donne au malade , avec une infufion fudorifique.

Si l'ufage du Mercure pris intérieurement & extérieurement n'occasionnoit ni la salivation ni les selles, il n'en faudroit pas moins le continuer encore quelques jours, & dans ce cas avoir recours aux saignées, vomitifs & médecines. Mais toujours d'après le conseil des Médecins. Si malgré tout cela la maladie empiroit, & qu'il s'y joignît des accidens considérables, tels que l'horreur de l'eau, on la traitera comme une maladie inflammatoire, on redoublera les frictions, principalement sur le cou & sur la poitrine ; on réitérera les saignées, on se servira de remédes rafraichissans, comme des acides, & surtout du salpêtre.

OBSERVATION. I.

LE Fils du nommé Pierre Boch, Bourgeois & faiseur de Pipes à fumer, âgé de 13 ans, fut mordu au doigt par un petit chien le 6 Novembre 1777. Il ne fit aucune attention à cet accident, ne croyant pas qu'il pût avoir des suites. Au bout de quatre jours le chien créva en devenant perclus des deux pattes de derriere. Le Garçon ne sentoit alors aucun mal, & paroissoit se bien porter. Un mois après on remarqua dans ce jeune homme des grimaces, des contorsions & des mouvemens convulfifs. Le 6 Décembre on le tranfporta à l'Hôpital des Bourgeois, auffitôt la Rage fe manifefta avec tous fes fymptômes ; fuffoquemens continuels, convulfions horribles, écume à la bouche, averfion pour le blanc & pour toute boiffon. Ces accidens augmenterent de moment à autre, au point que le lendemain à 6 heures du foir ce pauvre garçon rendit l'ame après avoir été 24 heures dans ce pitoyable état.

Par ordre du Magiftrat je me tranfportai chez la famille de cet enfant, de même que chez le nommé Alexis Rachel , Gagne-petit , auquel ce chien appartenoit ; j'appris que ce jeune homme avoit bu , mangé & couché avec fa famille , & qu'elle s'étoit fervi de la même vaiffelle que lui , jufqu'au moment où la Rage s'étoit déclarée. Le Gagne-petit me dit que ce chien l'avoit léché plufieurs fois aux lévres , & avoit mordu fa femme affez profondément à l'index. Je jugeai néceffaire de procurer une forte falivation à ces gens par l'ufage du Mercure pris intérieurement , & des frictions. Le Pere, la Mere, trois Enfans, le Gagnepetit & fa femme ont paffé par cette cure , & ont été foignés par les Srs Becker & Mafské , Chirurgiens jurés : jufqu'à préfent ils n'ont pas reffenti la moindre atteinte, & je ne doute pas qu'ils n'en foient délivrés pour toujours au moyen de cè traitement.

II. La Femme & cinq Enfans d'un Teneur de Billard, nommé Quinchamps, furent mordus en 1762 par un chien enragé. Les Enfans furent fauvés par cette méthode, & la Mere qui par entêtement fe refufa aux fecours qu'on voulut lui porter, mourut de la Rage.

III. Le nommé Mathieu Freytag, garçon Menuifier, natif de la Petite-pierre, âgé de 20 ans, prit la rage d'un Chat le 29 Septembre 1769 ; on le tranfporta dans notre Hôpital, & on lui adminiftra les mêmes remédes, il fut radicalement guéri, quoique pendant 8 à 9 jours, il ait refufé de boire, & fortit de l'Hôpital en pleine fanté.

IV. Un jeune homme, fils d'un Cordier, nommé Metz, fut bleffé fortement par un chien enragé le 19 Décembre 1777 ; fon Médecin le Sr. Corvinus, le même qui avoit traité les cinq Enfans ci-deffus, & le Sr. Ifengarth Chirurgien, fe font fervis pour lui de la même méthode ; l'Enfant fut fcarifié fur le champ à la partie affectée, on y appliqua l'emplâtre veficatoire, & quoique le Mercure n'ait agi que par les felles, il jouit aujourd'hui d'une fanté parfaite.

V. La Fille qui avoit foigné le jeune homme, dont il a été parlé dans la première obfervation, avoit eu l'imprudence d'effuyer la falive de ce malade avec fes doigts, & quelquefois avec fon mouchoir. Tout à coup cette Fille devint rêveufe & mélancolique, pleurant & riant fucceffivement par intervalles; le Médecin de l'Hôpital, Mr. Milhau, vint fur le champ me trouver pour me faire part de ce trifte accident, dont avec raifon il craignoit les fuites. Cette Fille fe plaignoit de fuffoquemens momentanés, d'une incommodité dans le gofier comme fi on vouloit l'étrangler. Elle but, il eft vrai, fans peine en ma préfence; mais d'autres fignes non équivoques d'une rage imminente, nous déterminerent à lui faire donner les frictions. Mr. Marchal Chirurgien, fut chargé de ce foin; la Fille eft maintenant quitte de tous ces fymptômes, & nous avons lieu d'efperer qu'elle eft délivrée du danger de retomber dans cette Maladie.

VI. Le 3 Mars 1778, le nommé Stutter, pauvre Gardien, âgé de 43 ans, & un garçon de 17 ans, Fils d'un payfan, nommé Hendler, l'un & l'autre habitans de Bettenhofen , village à trois lieues de Strasbourg , furent mordus par un chien enragé ; les morfures qu'ils reçurent tant aux cuiffes , qu'aux mains & aux doigts , étoient affez profondes; le même chien mordit auffi un Cordonnier de Gambsheim près dudit Bettenhofen nommé Lipp , âgé de 33 ans. Ils furent traités tous les trois fous ma direction par le Sr. Mafské , de la maniere fuivante.

On les évacua d'abord par des pillules de Mercure dulcifié. Les plaies furent lavées avec une eau falée , profondément fcarifiées , impregnées de la poudre des Cantharides , & couvertes d'emplâtres veficatoires qui dépaffoient de beaucoup la plaie. Au foir du jour de l'évacuation on donna à chacun trois grains de Panacée Mercurielle en forme de pillules. Le lendemain pour hâter la falivation , on y ajouta le frottement aux parties néceffaires avec deux dragmes d'onguent Napolitain faturé , & l'on fit boire aux Malades une fuffifante quantité de décoction d'Orge. Par ce moyen le quatriéme jour la fuppuration des plaies & la falivation furent bien établies.

Le cinquiéme jour au matin on obferva dans le garçon une chaleur forte

& féche. Il étoit très agité, & malgré
une foif très ardente il refufoit toute
boiffon. Les Frictions furent redoublées,
ce qui augmenta la falivation jufqu'au
foir. Alors le malade but copieufement,
& eut un peu de tranquillité ; on con-
tinua la falivation jufqu'à ce que l'in-
térieur de la bouche & du gofier com-
mencerent à s'exulcerer. On avoit fait
obferver à ces malades la diette la plus
févere, & toute leur nourriture ne con-
fiftoit qu'en mets legers & de facile di-
geftion, tels que décoction de Ris, crême
d'orge & foupe au lait. Après une fuffifante falivation & une fuppuration de
4 femaines, on les purgea de tems en
tems avec une décoction de Rhubarbe
& de Manne, les plaies fe fermerent,
& on finit par ordonner aux conva-
lefcens une cure de lait coupé avec de
l'eau Minérale. C'eft ainfi que par le traitement que je viens d'indiquer, ces
trois Perfonnes ont recouvré leur fanté,
non fans beaucoup de fouffrances, &
jufques à préfent ils fe font bien portés.

Addition aux Observations.

I.

L'AN 1767 au mois d'Août un chien courant dans les ruës mordit dans sa courfe une Bourgeoife d'ici, travaillant fous la porte de fa maifon. La Femme effrayée, reffentant même quelques douleurs, envoya fur le champ après fon Médecin le Sr. Doldé, & fon Chirurgien le Sr. Becker, qui trouverent effectivement une morfure à la cheville du pied, marquée très diftinctement des dents de l'animal.

Ayant trouvé impoffible de brûler la plaie à cette partie trop dépourvue de chair : on fcarifia la partie bleffée & y appliqua des ventoufes pour en tirer une fuffifante quantité de fang ; ils la couvrirent enfuite d'un Emplâtre veficatoire.

Après ces Remédes externes l'on eut recours au Mercure, que l'on adminiftra, tant extérieurement qu'intérieurement, pour provoquer la falivation, que l'on eut foin d'entretenir quelque tems. L'on finit par évacuer la malade, qui jouit aujourd'hui d'une parfaite fanté.

P. S. Le Chien fut gardé chez le Bourreau ; il voulut à diverfes fois le

laiſſer courir, mais je l'en empêchai &
lui ordonnai de le garder à l'attache juſqu'à nouvel ordre. Dans la troiſieme
ſemaine la Rage ſe déclara par tous ſes
ſymptômes, & le Bourreau fut obligé de
le tuer.

2.

Le même malheur eſt arrivé en même
tems au nommé Valentin Pfeiffer, me-
ſureur de bled, qui fut mordu par un
Chien enragé dans le tendon d'Achille.
Les Srs. Ziegenhagen & Kobelt, Chirurgiens, ſe ſont ſervis de la même méthode que ci-deſſus, & y ont parfaitement réuſſi.

3.

Un Garçon, appartenant à un nommé
Louis Jourdain, fut mordu à la main par
un Chien le 28 Mai 1778.

On conſulta là-deſſus le Médecin,
mais loin de ſuivre ſes conſeils, on pré-
féra ceux que dictoit l'ignorance d'un
Bourreau. La plaie fut guérie & le
Garçon parut même ſe bien porter juſqu'au 21 Juillet, terme où le calme ſe
changea en Rage & Hydrophobie; tout
art échoua, & le Garçon mourut ſous les
plus horribles ſymptômes qui accompa-
gnent cette maladie. L'ayeul, ſa Femme,
& la Mere du défunt s'étoient ſervis de
la même vaiſſelle que cet enfant, juſ-

qu'au moment que la Rage s'étoit déclarée ; l'on fit ufage du Mercure, en fuivant la méthode connue ; tous jouiffent aujourd'hui d'une bonne & parfaite fanté. Le Sr. Becker, Chirurgien, adminiftroit les Remédes.

4.

Un Journalier nommé Jaques Kauffmann, âgé de 40 ans, fut mordu par un Chien enragé dans l'avant-bras du bras gauche le 30 Mai 1778. La plaie bien foignée, 4 grains de Mercure doux par jour lui provoquerent une petite falivation, & le rétablirent entiérement.

5.

Le 28 Juin 1778, le nommé Martin Walter, âgé de 46 ans, Habitant du Village de la Ruprechts-au, fut mordu par fon Cheval dans le doigt du milieu. Cet homme avoit tout à craindre de cette morfure, fachant que fa Bête avoit été mordue par un Chien enragé, qui avoit couru trois femaines auparavant le long du Pré où fon Cheval avoit été mis à l'herbe avec le troupeau dudit Village.

Le malade fut traité comme il fuit : On entretint la plaie dans une fuppuration continuelle, l'ufage de la Panacée mercurielle & le frottement de l'onguent Napolitain, ou de Mercure,

mirent le malade au bout de 4 femaines
(tems que l'on a cru fuffifant pour chaf-
fer tout venin hydrophobique du corps)
dans un état , qui le laiffe efpérer de
n'avoir plus rien à craindre du mal.

P. S. La Preuve que le Cheval avoit
gagné la Rage par la morfure du Chien,
(attaqué très décidément de cette maladie) eft, que lorfque le Bourreau pré-
fenta au Cheval de l'eau dans un vafe
fur une planche par une petite lucarne,
(car l'on fe gardoit bien de l'approcher)
ou quelques autres corps blancs, même
au moindre mouvement , à la moindre
agitation dans l'air , l'animal fe déme-
noit, donnoit de la tête contre le mur,
mordoit dans la créche, fe mordoit foi-
même dans la poitrine & le ventre, &
finit par crever dans fon fang.

L'Étable, fur mon avis, fut abbatu
entiérement, la boiferie brûlée, & la terre
que l'animal fouloit, fut travaillée, & le
Cheval enterré à fix pieds fous terre.
L'homme fut foigné par le Sr. Mafké,
Chirurgien.

6.

Le 25 du mois d'Août 1778 la fille
d'un Journalier, nommé Jean Gœtz, âgée
de 9 ans, fut mordue par un Chien enragé dans l'Epaule gauche étant affife
à terre. Le Mercure, à 2 grains par

jour, quoique n'agiffant que par les felles, fit très-bien fon effet ; jufqu'à préfent elle s'eft parfaitement bien portée.

7.

Obfervation du Sieur Marchal,
Chirurgien juré.

LE 28 Juillet 1778 le nommé Metzger, Bourgeois, Marchand farinier, ayant été mordu par fon propre Chien, qu'il craignoit être attaqué de la Rage, recourut tout de fuite à M. Ehrmann, Médecin-Phyficien de la Ville, qui jugea abfolument néceffaire que l'on adminiftrât audit Metzger les remédes les plus efficaces connus contre la morfure des Bêtes enragées ; en conféquence m'ayant adreffé le malade, pour lui porter les fecours qui dépendoient de mon état, j'ai voulu d'abord par moi-même approfondir les fymptômes, qui pourroient convaincre de la Rage du Chien.

J'appris donc par le compte exact qui m'a été rendu, que le Chien dédaignoit également le manger & le boire, craignoit la préfence des hommes, méconnoiffoit fon maître, devenoit furieux & fe jettoit fur toutes les Bêtes qui s'offroient à fa rencontre, au point d'en avoir mordu une vingtaine, enfin qu'il portoit la queue & les oreilles abfolument pendantes, avec d'autres fignes qui ne laiffent plus douter de la Rage.

Je fis d'abord de fortes fcarifications fur la morfure, qui fe trouvoit à l'avant-Bras, en appliquant de plus une ventoufe fur la plaie & les fcarifications, je l'impregnai de poudre de Cantharides, & couvris toute la plaie d'une Emplâtre veficatoire, la débordant de toutes parts.

Le même jour de l'accident je lui fis prendre un demi-gros de Pillules Mercurielles le matin, & un Bain chaud le foir.

Le lendemain je lui ai ordonné un fecond Bain avec trois grains de Mercure doux en Pillules, à prendre le matin & le foir.

Le 30 Juillet je lui fis prendre un troifieme Bain, & fur le foir une friction au Bras, de 3 gros d'onguent Mercuriel compofé de partie égale de Mercure vif & de fain-doux, en lui panfant la plaie avec un digeftif fimple, ce qui lui procura une ample fuppuration.

Le 31. Je lui fis prendre foir & matin trois grains de Mercure doux, & attendu que la fuppuration de la plaie avoit un peu diminué, je la lui ai panfée avec de l'onguent Bafilic, incorporé aux Mouches Cantharides.

Le 1er Août je lui fis prendre une

friction aux Jambes, de même quantité d'onguent Mercuriel, & lui ai repanfé la plaie qui fuppuroit bien, avec le digeftif fimple.

Le 2. la falivation commençoit à fe former, & je lui fis prendre les Pillules.

Le 3me une friction, la falivation étoit alors abondante.

Le 4me je réiterai les Pillules, en y ajoutant un Gargarifme émolliant & adouciffant.

Le 5me. La falivation étoit fi copieufe, que je le tins fans rien prendre, en lui recommandant fimplement de boire beaucoup d'une ptifane, que je lui avois préfcrite dès le commencement de fon traitement, & de continuer à fe gargarifer.

La falivation étoit alors fi abondante, que j'omis les frictions pour continuer feulement à lui faire prendre quatre grains de Mercure doux, & ce jufqu'au 24me, jour auquel j'ai commencé à le purger de trois jours en trois jours, jufqu'à la ceffation entiere de la falivation.

La plaie a continué à fuppurer jufqu'au 26, qu'elle fut entiérement cicatrifée.

Le Malade a été heureufement rétabli fans aucun de ces accidens funeftes, qu'il n'auroit certainement pas évité, fans les fecours que l'on vient de détailler.